개 역 개 정 · 신 약 성 경 쓰 기

5

사도행전 하

주 예수를 믿으라
그리하면
너와 네 집이 구원을 받으리라
_행 16:31_

레마북스
Rhema

추천의 글

"우리는 성경을 읽지만 세상은 우리를 읽는다."

성경은 세상 모든 책을 담을 수 있는 가장 큰 그릇입니다.
성경 필사는 단순히 글을 옮겨 쓰는 작업이 아니라 눈으로 활자를 읽고 손으로 쓰면서 머리로 헤아리는 일. 눈, 손, 머리를 동시에 동원하는 작업으로 오래전부터 필사는 효과가 입증된 글쓰기 훈련법입니다. 저명한 사람들은 필사의 경험이 없는 사람은 없습니다.

손과 종이 위에 연필 끝이 만나는 순간 미묘한 시간차가 발생합니다. 필사가 제공하는 틈 그 순간에 우리는 가만히 있지 않습니다. 단어와 문장을 거슬러 올라가고 맥락을 헤아리고 성경 내용을 되새김질 합니다. 필사 과정에서 눈으로 읽을 때 미처 보지 못한 내용을 발견하고 또 깨달을 수도 있습니다.

성경 필사는 하나님 말씀이 생명력 있게 살아나게 하는 작업입니다.
하나님 말씀이 우리들 마음속에 가득할 때 마음의 소원, 기도의 제목을 하나님이 들으시고 이루어 주실 것입니다.

성경의 진리들을 오직 성경으로, 오직 성령의 조명으로 해석하고 교리를 세우고 그 교리를 삶의 기준과 원칙으로 삼고 모든 삶의 영역에 적용하고자 한 청교도처럼 예수를 가장 잘 믿는 사람들, 가장 순수한 신앙으로 산 사람들 "크리스천" 되기를 소망합니다.

엮은이 **김영기**

레마북스 성경쓰기 시리즈 특징

✚ 볼펜, 만년필로 성경쓰기 편한 고급 재질의 종이 사용

[레마북스 신약성경쓰기 시리즈 (5)사도행전하]는 유성볼펜이나 만년필 사용에 적합하도록 도톰하고 고급스런 광택이 나는 재질의 종이를 사용하였습니다.

✚ 성경쓰기 편하도록 페이지가 완전히 펼쳐지는 180도 고급 제본 사용

[레마북스 신약성경쓰기 시리즈 (5)사도행전하]는 책을 펼친 중간 부분이 걸리지 않도록 페이지가 완전히 펼쳐지는 180도 고급 제본을 사용하였습니다.

✚ 10여년의 경험을 바탕으로 읽고 쓰기 편안한 글씨체 사용

[레마북스 신약성경쓰기 시리즈 (5)사도행전하]는 통독을 겸한 필사가 가능하도록 읽고 쓰면서 스트레스 받지 않는 글씨체를 10여년의 실패와 경험을 바탕으로 선정하여 사용하였습니다.

✚ 따라쓸 수 있는 한자(漢字) 병기(倂記)로 말씀 묵상의 극대화

[레마북스 신약성경쓰기 시리즈 (5)사도행전하]는 긍정적이고 따라쓰기 쉬운 한자를 병기하여 깊은 묵상을 극대화하였습니다.

구약성경 통독표

순번	성경목록	장	절	평균통독 시간/분	순번	성경목록	장	절	평균통독 시간/분
1	창세기	50	1,533	203	21	전도서	12	222	31
2	출애굽기	40	1,213	162	22	아가	8	117	16
3	레위기	27	859	115	23	이사야	66	1,292	206
4	민수기	36	1,287	165	24	예레미야	52	1,364	300
5	신명기	34	959	147	25	예레미야애가	5	154	20
6	여호수아	24	658	99	26	에스겔	48	1,273	201
7	사사기	21	618	103	27	다니엘	12	357	62
8	룻기	4	85	14	28	호세아	14	197	30
9	사무엘상	31	810	136	29	요엘	3	73	11
10	사무엘하	24	695	113	30	아모스	9	146	23
11	열왕기상	22	816	128	31	오바댜	1	21	4
12	열왕기하	25	719	121	32	요나	4	48	7
13	역대상	29	942	119	33	미가	7	105	17
14	역대하	36	822	138	34	나훔	3	47	8
15	에스라	10	280	42	35	하박국	3	56	9
16	느헤미야	13	406	61	36	스바냐	3	53	9
17	에스더	10	167	29	37	학개	2	38	6
18	욥기	42	1,070	115	38	스가랴	14	211	33
19	시편	150	2,461	275	39	말라기	4	55	11
20	잠언	31	915	92		합 계	929	23,144	3,381

신약성경 통독표

순번	성경목록	장	절	평균통독 시간/분	순번	성경목록	장	절	평균통독 시간/분
1	마태복음	28	1,071	130	15	디모데전서	6	113	14
2	마가복음	16	678	81	16	디모데후서	4	83	11
3	누가복음	24	1,151	138	17	디도서	3	46	6
4	요한복음	21	879	110	18	빌레몬서	1	25	2
5	사도행전	28	1,007	127	19	히브리서	13	303	41
6	로마서	16	433	58	20	야고보서	5	108	14
7	고린도전서	16	437	57	21	베드로전서	5	105	15
8	고린도후서	13	256	37	22	베드로후서	3	61	9
9	갈라디아서	6	149	19	23	요한1서	5	105	15
10	에베소서	6	155	18	24	요한2서	1	13	2
11	빌립보서	4	104	14	25	요한3서	1	15	2
12	골로새서	4	95	12	26	유다서	1	25	4
13	데살로니가전서	5	89	12	27	요한계시록	22	404	61
14	데살로니가후서	3	47	6		합 계	260	7,957	1,015

구약성경	39권	23,144절	1,006,953문자	352,319단어	평균통독시간	56시간
신약성경	27권	7,957절	315,579문자	110,237단어	평균통독시간	17시간

예루살렘 회의

15 1어떤 사람들이 유대로부터 내려와서 형제들을 가르치되
너희가 모세의 법대로 할례를 받지 아니하면
능히 구원을 받지 못하리라 하니

2바울 및 바나바와 그들 사이에
적지 아니한 다툼과 변론이 일어난지라

형제들이 이 문제에 대하여 바울과 바나바와 및
그 중의 몇 사람을 예루살렘에 있는
사도와 장로들에게 보내기로 작정(作定)하니라

3그들이 교회의 전송을 받고 베니게와 사마리아로 다니며
이방인들이 주께 돌아온 일을 말하여
형제들을 다 크게 기쁘게 하더라

4예루살렘에 이르러 교회와 사도와 장로들에게 영접을 받고
하나님이 자기들과 함께 계셔 행하신 모든 일을 말하매

5바리새파 중에 어떤 믿는 사람들이 일어나 말하되
이방인에게 할례를 행하고 모세의 율법을 지키라
명하는 것이 마땅하다 하니라

6사도와 장로들이 이 일을 의논하러 모여

7많은 변론이 있은 후에 베드로가 일어나 말하되
형제들아 너희도 알거니와 하나님이 이방인들로

내 입에서 복음의 말씀을 들어 믿게 하시려고
오래 전부터 너희 가운데서 나를 택하시고

8또 마음을 아시는 하나님이 우리에게와 같이
그들에게도 성령을 주어 증언하시고

9 믿음으로 그들의 마음을 깨끗이 하사
그들이나 우리나 차별하지 아니하셨느니라

10 그런데 지금 너희가 어찌하여 하나님을 시험하여
우리 조상과 우리도 능히 메지 못하던 멍에를
제자들의 목에 두려느냐

11 그러나 우리는 그들이 우리와 동일하게
주 예수의 은혜로 구원 받는 줄을 믿노라 하니라

12 온 무리가 가만히 있어 바나바와 바울이
하나님께서 자기들로 말미암아 이방인 중에서 행하신
표적(表蹟)과 기사에 관하여 말하는 것을 듣더니

13 말을 마치매 야고보가 대답하여 이르되
형제들아 내 말을 들으라

14 하나님이 처음으로 이방인 중에서
자기 이름을 위할 백성을 취하시려고
그들을 돌보신 것을 시므온이 말하였으니

15 선지자들의 말씀이 이와 일치하도다 기록된 바

16 이 후에 내가 돌아와서 다윗의 무너진 장막을 다시 지으며
또 그 허물어진 것을 다시 지어 일으키리니

17 이는 그 남은 사람들과 내 이름으로 일컬음을 받는
모든 이방인들로 주를 찾게 하려 함이라 하셨으니

18 즉 예로부터 이것을 알게 하시는
주의 말씀이라 함과 같으니라

19 그러므로 내 의견에는 이방인 중에서
하나님께로 돌아오는 자들을 괴롭게 하지 말고

20다만 우상의 더러운 것과 음행과 목매어 죽인 것과
피를 멀리하라고 편지하는 것이 옳으니

21이는 예로부터 각 성에서 모세를 전하는 자가 있어
안식일마다 회당에서 그 글을 읽음이라 하더라

이방인 신자들에게 보내는 편지

22이에 사도와 장로와 온 교회가 그 중에서 사람들을 택하여
바울과 바나바와 함께 안디옥으로 보내기를 결정하니
곧 형제 중에 인도자인 바사바라 하는 유다와 실라더라

23그 편에 편지를 부쳐 이르되 사도와 장로 된 형제들은
안디옥과 수리아와 길리기아에 있는 이방인 형제들에게
문안하노라

24들은즉 우리 가운데서 어떤 사람들이

우리의 지시도 없이 나가서 말로 너희를 괴롭게 하고
마음을 혼란하게 한다 하기로

25-26 사람을 택하여 우리 주 예수 그리스도의 이름을 위하여
생명을 아끼지 아니하는 자인 우리가 사랑하는 바나바와
바울과 함께 너희에게 보내기를 만장일치로 결정하였노라

27 그리하여 유다와 실라를 보내니 그들도 이 일을 말로 전하리라

28 성령과 우리는 이 요긴한 것들 외에는 아무 짐도
너희에게 지우지 아니하는 것이 옳은 줄 알았노니

29 우상의 제물과 피와 목매어 죽인 것과 음행을 멀리할지니라
이에 스스로 삼가면 잘되리라 평안함을 원하노라 하였더라

30 그들이 작별하고 안디옥에 내려가
무리를 모은 후에 편지를 전하니

31 읽고 그 위로한 말을 기뻐하더라

32 유다와 실라도 선지자라
여러 말로 형제를 권면(勸勉)하여 굳게 하고

33 얼마 있다가 평안히 가라는 전송을 형제들에게 받고
자기를 보내던 사람들에게로 돌아가되

34 (없음)

35 바울과 바나바는 안디옥에서 유하며
수다한 다른 사람들과 함께
주의 말씀을 가르치며 전파하니라

바울과 바나바가 갈라서다

36 며칠 후에 바울이 바나바더러 말하되
우리가 주의 말씀을 전한 각 성으로 다시 가서

형제들이 어떠한가 방문(訪問)하자 하고

37 바나바는 마가라 하는 요한도 데리고 가고자 하나

38 바울은 밤빌리아에서 자기들을 떠나 함께 일하러
가지 아니한 자를 데리고 가는 것이 옳지 않다 하여

39 서로 심히 다투어 피차 갈라서니
바나바는 마가를 데리고 배 타고 구브로로 가고

40 바울은 실라를 택한 후에
형제들에게 주의 은혜에 부탁함을 받고 떠나

41 수리아와 길리기아로 다니며 교회들을 견고하게 하니라

바울이 디모데를 데리고 가다

16 1 바울이 더베와 루스드라에도 이르매
거기 디모데라 하는 제자가 있으니

그 어머니는 믿는 유대 여자요 아버지는 헬라인이라

2디모데는 루스드라와 이고니온에 있는
형제들에게 칭찬 받는 자니

3바울이 그를 데리고 떠나고자 할새
그 지역에 있는 유대인으로 말미암아

그를 데려다가 할례를 행하니 이는 그 사람들이
그의 아버지는 헬라인인 줄 다 앎이러라

4여러 성으로 다녀 갈 때에 예루살렘에 있는 사도와
장로들이 작정한 규례를 그들에게 주어 지키게 하니

5이에 여러 교회가 믿음이 더 굳건해지고
수가 날마다 늘어가니라

바울이 환상을 보다

6 성령이 아시아에서 말씀을 전하지 못하게 하시거늘
그들이 브루기아와 갈라디아 땅으로 다녀가

7 무시아 앞에 이르러 비두니아로 가고자 애쓰되
예수의 영이 허락하지 아니하시는지라

8 무시아를 지나 드로아로 내려갔는데

9 밤에 환상이 바울에게 보이니
마게도냐 사람 하나가 서서 그에게 청하여 이르되
마게도냐로 건너와서 우리를 도우라 하거늘

10 바울이 그 환상을 보았을 때
우리가 곧 마게도냐로 떠나기를 힘쓰니

이는 하나님이 저 사람들에게 복음(福音)을 전하라고
우리를 부르신 줄로 인정함이러라

루디아가 믿다

11 우리가 드로아에서 배로 떠나 사모드라게로 직행하여
이튿날 네압볼리로 가고

12 거기서 빌립보에 이르니 이는 마게도냐 지방의 첫 성이요
또 로마의 식민지라 이 성에서 수일을 유하다가

13 안식일에 우리가 기도할 곳이 있을까 하여
문 밖 강가에 나가 거기 앉아서 모인 여자들에게 말하는데

14 두아디라 시에 있는 자색 옷감 장사로서
하나님을 섬기는 루디아라 하는 한 여자가

말을 듣고 있을 때 주께서 그 마음을 열어
바울의 말을 따르게 하신지라

15 그와 그 집이 다 세례를 받고 우리에게 청하여 이르되

만일 나를 주 믿는 자로 알거든 내 집에 들어와 유하라
하고 강권하여 머물게 하니라

바울과 실라가 갇히다

16 우리가 기도하는 곳에 가다가
점치는 귀신 들린 여종 하나를 만나니
점(占)으로 그 주인들에게 큰 이익을 주는 자라

17 그가 바울과 우리를 따라와 소리 질러 이르되
이 사람들은 지극히 높은 하나님의 종으로서
구원의 길을 너희에게 전하는 자라 하며

18 이같이 여러 날을 하는지라
바울이 심히 괴로워하여 돌이켜 그 귀신에게 이르되
예수 그리스도의 이름으로 내가 네게 명하노니

그에게서 나오라 하니 귀신이 즉시 나오니라

19여종의 주인들은 자기 수익의 소망이 끊어진 것을 보고
바울과 실라를 붙잡아 장터로 관리들에게 끌어 갔다가

20상관들 앞에 데리고 가서 말하되
이 사람들이 유대인인데 우리 성을 심히 요란하게 하여

21로마 사람인 우리가 받지도 못하고
행하지도 못할 풍속을 전한다 하거늘

22무리가 일제히 일어나 고발하니
상관들이 옷을 찢어 벗기고 매로 치라 하여

23많이 친 후에 옥에 가두고
간수에게 명하여 든든히 지키라 하니

24그가 이러한 명령을 받아 그들을 깊은 옥에 가두고

그 발을 차꼬에 든든히 채웠더니

25 한밤중에 바울과 실라가 기도하고 하나님을 찬송하매
죄수들이 듣더라

26 이에 갑자기 큰 지진이 나서 옥터가 움직이고
문이 곧 다 열리며 모든 사람의 매인 것이 다 벗어진지라

27 간수가 자다가 깨어 옥문들이 열린 것을 보고
죄수들이 도망한 줄 생각하고 칼을 빼어 자결하려 하거늘

28 바울이 크게 소리 질러 이르되
네 몸을 상하지 말라 우리가 다 여기 있노라 하니

29 간수가 등불을 달라고 하며 뛰어 들어가
무서워 떨며 바울과 실라 앞에 엎드리고

30 그들을 데리고 나가 이르되 선생들이여

내가 어떻게 하여야 구원을 받으리이까 하거늘

31 이르되 주 예수를 믿으라
그리하면 너와 네 집이 구원을 받으리라 하고

32 주의 말씀을 그 사람과
그 집에 있는 모든 사람에게 전하더라

33 그 밤 그 시각에 간수가 그들을 데려다가
그 맞은 자리를 씻어 주고
자기와 그 온 가족이 다 세례를 받은 후

34 그들을 데리고 자기 집에 올라가서 음식을 차려 주고
그와 온 집안이 하나님을 믿으므로 크게 기뻐하니라

35 날이 새매 상관들이 부하를 보내어 이 사람들을 놓으라 하니

36 간수가 그 말대로 바울에게 말하되

상관들이 사람을 보내어 너희를 놓으라 하였으니
이제는 나가서 평안히 가라 하거늘

37 바울이 이르되 로마 사람인 우리를 죄도 정하지 아니하고
공중 앞에서 때리고 옥에 가두었다가

이제는 가만히 내보내고자 하느냐 아니라
그들이 친히 와서 우리를 데리고 나가야 하리라 한대

38 부하들이 이 말을 상관들에게 보고하니
그들이 로마 사람이라 하는 말을 듣고 두려워하여

39 와서 권하여 데리고 나가 그 성에서 떠나기를 청하니

40 두 사람이 옥에서 나와 루디아의 집에 들어가서
형제들을 만나 보고 위로하고 가니라

바울이 데살로니가에서 전도하다

17 1 그들이 암비볼리와 아볼로니아로 다녀가
데살로니가에 이르니 거기 유대인의 회당이 있는지라

2 바울이 자기의 관례대로 그들에게로 들어가서
세 안식일에 성경을 가지고 강론하며

3 뜻을 풀어 그리스도가 해를 받고 죽은 자 가운데서
다시 살아나야 할 것을 증언하고 이르되
내가 너희에게 전하는 이 예수가 곧 그리스도라 하니

4 그 중의 어떤 사람 곧 경건한 헬라인의 큰 무리와
적지 않은 귀부인도 권함을 받고 바울과 실라를 따르나

5 그러나 유대인들은 시기하여 저자의 어떤 불량한
사람들을 데리고 떼를 지어 성을 소동하게 하여
야손의 집에 침입하여 그들을 백성에게 끌어내려고 찾았으나

6발견하지 못하매 야손과 몇 형제들을 끌고
읍장들 앞에 가서 소리 질러 이르되
천하를 어지럽게 하던 이 사람들이 여기도 이르매

7야손이 그들을 맞아 들였도다
이 사람들이 다 가이사의 명을 거역하여 말하되
다른 임금 곧 예수라 하는 이가 있다 하더이다 하니

8무리와 읍장들이 이 말을 듣고 소동하여

9야손과 그 나머지 사람들에게 보석금을 받고 놓아 주니라

베뢰아 사람들이 말씀을 받다

10밤에 형제들이 곧 바울과 실라를 베뢰아로 보내니
그들이 이르러 유대인의 회당에 들어가니라

11베뢰아에 있는 사람들은 데살로니가에 있는 사람들보다

더 너그러워서 간절한 마음으로 말씀을 받고
이것이 그러한가 하여 날마다 성경을 상고하므로

12 그 중에 믿는 사람이 많고
또 헬라의 귀부인과 남자가 적지 아니하나

13 데살로니가에 있는 유대인들은 바울이
하나님의 말씀을 베뢰아에서도 전하는 줄을 알고
거기도 가서 무리를 움직여 소동하게 하거늘

14 형제들이 곧 바울을 내보내어 바다까지 가게 하되
실라와 디모데는 아직 거기 머물더라

15 바울을 인도하는 사람들이 그를 데리고
아덴까지 이르러 그에게서 실라와 디모데를
자기에게로 속히 오게 하라는 명령을 받고 떠나니라

바울이 아덴에서 전도하다

16바울이 아덴에서 그들을 기다리다가 그 성에
우상(偶像)이 가득한 것을 보고 마음에 격분하여

17회당에서는 유대인과 경건한 사람들과
또 장터에서는 날마다 만나는 사람들과 변론하니

18어떤 에피쿠로스와 스토아 철학자들도 바울과 쟁론할새
어떤 사람은 이르되 이 말쟁이가 무슨 말을 하고자 하느냐
하고 어떤 사람은 이르되 이방 신들을 전하는 사람인가보다
하니 이는 바울이 예수와 부활을 전하기 때문이러라

19그를 붙들어 아레오바고로 가며 말하기를 네가 말하는
이 새로운 가르침이 무엇인지 우리가 알 수 있겠느냐

20네가 어떤 이상한 것을 우리 귀에 들려 주니

그 무슨 뜻인지 알고자 하노라 하니

21 모든 아덴 사람과 거기서 나그네 된 외국인들이
가장 새로운 것을 말하고 듣는 것 이외에는
달리 시간을 쓰지 않음이더라

22 바울이 아레오바고 가운데 서서 말하되
아덴 사람들아 너희를 보니 범사에 종교심이 많도다

23 내가 두루 다니며 너희가 위하는 것들을 보다가
알지 못하는 신에게라고 새긴 단도 보았으니

그런즉 너희가 알지 못하고 위하는 그것을
내가 너희에게 알게 하리라

24 우주와 그 가운데 있는 만물을 지으신 하나님께서는
천지의 주재(主宰)시니 손으로 지은 전에 계시지 아니하시고

25 또 무엇이 부족한 것처럼
사람의 손으로 섬김을 받으시는 것이 아니니
이는 만민에게 생명과 호흡과 만물을 친히 주시는 이심이라

26 인류의 모든 족속을 한 혈통으로 만드사
온 땅에 살게 하시고 그들의 연대를 정하시며
거주(居住)의 경계를 한정하셨으니

27 이는 사람으로 혹 하나님을 더듬어 찾아
발견하게 하려 하심이로되 그는 우리 각 사람에게서
멀리 계시지 아니하도다

28 우리가 그를 힘입어 살며 기동(起動)하며 존재하느니라
너희 시인 중 어떤 사람들의 말과 같이
우리가 그의 소생이라 하니

29 이와 같이 하나님의 소생이 되었은즉
하나님을 금이나 은이나 돌에다 사람의 기술과 고안으로
새긴 것들과 같이 여길 것이 아니니라

30 알지 못하던 시대에는 하나님이 간과하셨거니와
이제는 어디든지 사람에게 다 명하사 회개하라 하셨으니

31 이는 정하신 사람으로 하여금
천하를 공의로 심판할 날을 작정하시고

이에 그를 죽은 자 가운데서 다시 살리신 것으로
모든 사람에게 믿을 만한 증거를 주셨음이니라 하니라

32 그들이 죽은 자의 부활을 듣고 어떤 사람은 조롱도 하고
어떤 사람은 이 일에 대하여 네 말을 다시 듣겠다 하니

33 이에 바울이 그들 가운데서 떠나매

34 몇 사람이 그를 가까이하여 믿으니
그 중에는 아레오바고 관리 디오누시오와
다마리라 하는 여자와 또 다른 사람들도 있었더라

바울이 고린도에서 전도하다

18 1 그 후에 바울이 아덴을 떠나 고린도에 이르러
2 아굴라라 하는 본도에서 난 유대인 한 사람을 만나니
글라우디오가 모든 유대인을 명하여 로마에서 떠나라 한 고로
그가 그 아내 브리스길라와 함께 이달리야로부터
새로 온지라 바울이 그들에게 가매
3 생업(生業)이 같으므로 함께 살며 일을 하니
그 생업은 천막을 만드는 것이더라
4 안식일마다 바울이 회당에서 강론(講論)하고

유대인과 헬라인을 권면하니라

5 실라와 디모데가 마게도냐로부터 내려오매
바울이 하나님의 말씀에 붙잡혀
유대인들에게 예수는 그리스도라 밝히 증언하니

6 그들이 대적하여 비방하거늘 바울이 옷을 털면서 이르되
너희 피가 너희 머리로 돌아갈 것이요 나는 깨끗하니라
이 후에는 이방인에게로 가리라 하고

7 거기서 옮겨 하나님을 경외하는 디도 유스도라 하는
사람의 집에 들어가니 그 집은 회당 옆이라

8 또 회당장 그리스보가 온 집안과 더불어 주를 믿으며
수많은 고린도 사람도 듣고 믿어 세례를 받더라

9 밤에 주께서 환상 가운데 바울에게 말씀하시되

두려워하지 말며 침묵하지 말고 말하라

10 내가 너와 함께 있으매 어떤 사람도
너를 대적하여 해롭게 할 자가 없을 것이니
이는 이 성중에 내 백성이 많음이라 하시더라

11 일 년 육 개월을 머물며
그들 가운데서 하나님의 말씀을 가르치니라

12 갈리오가 아가야 총독 되었을 때에 유대인이 일제히 일어나
바울을 대적하여 법정으로 데리고 가서

13 말하되 이 사람이 율법을 어기면서
하나님을 경외하라고 사람들을 권한다 하거늘

14 바울이 입을 열고자 할 때에
갈리오가 유대인들에게 이르되 너희 유대인들아

만일 이것이 무슨 부정한 일이나 불량한
행동이었으면 내가 너희 말을 들어 주는 것이 옳거니와

15만일 문제가 언어와 명칭과 너희 법에 관한 것이면
너희가 스스로 처리하라 나는 이러한 일에
재판장 되기를 원하지 아니하노라 하고

16그들을 법정에서 쫓아내니

17모든 사람이 회당장 소스데네를 잡아 법정 앞에서 때리되
갈리오가 이 일을 상관하지 아니하니라

바울이 안디옥으로 내려가다

18바울은 더 여러 날 머물다가 형제들과 작별하고
배 타고 수리아로 떠나갈새 브리스길라와 아굴라도
함께 하더라

바울이 일찍이 서원이 있었으므로
겐그레아에서 머리를 깎았더라

19 에베소에 와서 그들을 거기 머물게 하고
자기는 회당에 들어가서 유대인들과 변론하니

20 여러 사람이 더 오래 있기를 청하되 허락하지 아니하고

21 작별하여 이르되 만일 하나님의 뜻이면
너희에게 돌아오리라 하고 배를 타고 에베소를 떠나

22 가이사랴에 상륙하여 올라가
교회의 안부를 물은 후에 안디옥으로 내려가서

23 얼마 있다가 떠나 갈라디아와 브루기아 땅을
차례로 다니며 모든 제자를 굳건하게 하니라

아볼로가 담대히 전도하다

24알렉산드리아에서 난 아볼로라 하는 유대인이 에베소에 이르니
이 사람은 언변이 좋고 성경에 능통한 자라

25그가 일찍이 주의 도를 배워
열심으로 예수에 관한 것을 자세히 말하며 가르치나
요한의 세례만 알 따름이라

26그가 회당에서 담대히 말하기 시작하거늘
브리스길라와 아굴라가 듣고 데려다가
하나님의 도를 더 정확하게 풀어 이르더라

27아볼로가 아가야로 건너가고자 함으로
형제들이 그를 격려하며 제자들에게 편지를 써

영접하라 하였더니 그가 가매 은혜로 말미암아
믿은 자들에게 많은 유익을 주니

28이는 성경으로써 예수는 그리스도라고 증언하여
공중 앞에서 힘있게 유대인의 말을 이김이러라

바울이 에베소에서 전도하다

19 1아볼로가 고린도에 있을 때에 바울이 윗지방으로 다녀
에베소에 와서 어떤 제자들을 만나

2이르되 너희가 믿을 때에 성령을 받았느냐
이르되 아니라 우리는 성령이 계심도 듣지 못하였노라

3바울이 이르되 그러면 너희가 무슨 세례를 받았느냐
대답하되 요한의 세례니라

4바울이 이르되 요한이 회개의 세례를 베풀며
백성에게 말하되 내 뒤에 오시는 이를 믿으라 하였으니
이는 곧 예수라 하거늘

5 그들이 듣고 주 예수의 이름으로 세례를 받으니

6 바울이 그들에게 안수하매 성령이 그들에게 임하시므로
방언도 하고 예언도 하니

7 모두 열두 사람쯤 되니라

8 바울이 회당에 들어가 석 달 동안 담대히
하나님 나라에 관하여 강론하며 권면하되

9 어떤 사람들은 마음이 굳어 순종하지 않고
무리 앞에서 이 도를 비방하거늘
바울이 그들을 떠나 제자들을 따로 세우고
두란노 서원(書院)에서 날마다 강론하니라

10 두 해 동안 이같이 하니 아시아에 사는 자는
유대인이나 헬라인이나 다 주의 말씀을 듣더라

11 하나님이 바울의 손으로 놀라운 능력을 행하게 하시니

12 심지어 사람들이 바울의 몸에서
손수건이나 앞치마를 가져다가 병든 사람에게 얹으면
그 병이 떠나고 악귀도 나가더라

13 이에 돌아다니며 마술하는 어떤 유대인들이 시험삼아
악귀 들린 자들에게 주 예수의 이름을 불러 말하되

내가 바울이 전파하는 예수를 의지하여
너희에게 명하노라 하더라

14 유대의 한 제사장 스게와의 일곱 아들도 이 일을 행하더니

15 악귀가 대답하여 이르되
내가 예수도 알고 바울도 알거니와 너희는 누구냐 하며

16 악귀 들린 사람이 그들에게 뛰어올라 눌러 이기니

그들이 상하여 벗은 몸으로 그 집에서 도망하는지라

17 에베소에 사는 유대인과 헬라인들이 다 이 일을 알고
두려워하며 주 예수의 이름을 높이고

18 믿은 사람들이 많이 와서 자복(自服)하여 행한 일을 알리며

19 또 마술을 행하던 많은 사람이 그 책을
모아 가지고 와서 모든 사람 앞에서 불사르니
그 책 값을 계산한즉 은 오만이나 되더라

20 이와 같이 주의 말씀이 힘이 있어
흥왕하여 세력을 얻으니라

에베소에서 일어난 소동

21 이 일이 있은 후에 바울이 마게도냐와 아가야를 거쳐
예루살렘에 가기로 작정하여 이르되

내가 거기 갔다가 후에 로마도 보아야 하리라 하고

22자기를 돕는 사람 중에서 디모데와 에라스도 두 사람을
마게도냐로 보내고 자기는 아시아에 얼마 동안 더 있으니라

23그 때쯤 되어 이 도로 말미암아 적지 않은 소동이 있었으니

24즉 데메드리오라 하는 어떤 은장색이
은으로 아데미의 신상 모형을 만들어
직공들에게 적지 않은 벌이를 하게 하더니

25그가 그 직공들과 그러한 영업하는 자들을 모아 이르되
여러분도 알거니와 우리의 풍족한 생활이 이 생업에 있는데

26이 바울이 에베소뿐 아니라 거의 전 아시아를 통하여
수많은 사람을 권유하여 말하되
사람의 손으로 만든 것들은 신이 아니라 하니

이는 그대들도 보고 들은 것이라

27 우리의 이 영업이 천하여질 위험이 있을 뿐 아니라
큰 여신 아데미의 신전도 무시 당하게 되고

온 아시아와 천하가 위하는 그의 위엄도
떨어질까 하노라 하더라

28 그들이 이 말을 듣고 분노가 가득하여 외쳐 이르되
크다 에베소 사람의 아데미여 하니

29 온 시내가 요란하여 바울과 같이 다니는
마게도냐 사람 가이오와 아리스다고를 붙들어
일제히 연극장으로 달려 들어가는지라

30 바울이 백성 가운데로 들어가고자 하나 제자들이 말리고

31 또 아시아 관리 중에 바울의 친구된 어떤 이들이

그에게 통지하여 연극장에 들어가지 말라 권하더라

32 사람들이 외쳐 어떤 이는 이런 말을,
어떤 이는 저런 말을 하니 모인 무리가 분란하여
태반이나 어찌하여 모였는지 알지 못하더라

33 유대인들이 무리 가운데서 알렉산더를 권하여 앞으로 밀어내니
알렉산더가 손짓하며 백성에게 변명하려 하나

34 그들은 그가 유대인인 줄 알고 다 한 소리로 외쳐 이르되
크다 에베소 사람의 아데미여 하기를 두 시간이나 하더니

35 서기장이 무리를 진정시키고 이르되 에베소 사람들아
에베소 시가 큰 아데미와 제우스에게서 내려온
우상의 신전지기가 된 줄을 누가 알지 못하겠느냐

36 이 일이 그렇지 않다 할 수 없으니 너희가 가만히 있어서

무엇이든지 경솔히 아니하여야 하리라

37신전의 물건을 도둑질하지도 아니하였고
우리 여신을 비방하지도 아니한 이 사람들을
너희가 붙잡아 왔으니

38만일 데메드리오와 그와 함께 있는 직공들이
누구에게 고발할 것이 있으면
재판 날도 있고 총독들도 있으니 피차 고소할 것이요

39만일 그 외에 무엇을 원하면 정식으로 민회에서 결정할지라

40오늘 아무 까닭도 없는 이 일에
우리가 소요 사건으로 책망 받을 위험이 있고
우리는 이 불법 집회에 관하여 보고할 자료가 없다 하고

41이에 그 모임을 흩어지게 하니라

바울이 마게도냐와 헬라를 다니다

20 1 소요가 그치매 바울은 제자들을 불러 권한 후에
작별하고 떠나 마게도냐로 가니라

2 그 지방(地方)으로 다녀가며
여러 말로 제자들에게 권하고 헬라에 이르러

3 거기 석 달 동안 있다가 배 타고 수리아로 가고자 할
그 때에 유대인들이 자기를 해하려고 공모하므로
마게도냐를 거쳐 돌아가기로 작정하니

4 아시아까지 함께 가는 자는
베뢰아 사람 부로의 아들 소바더와

데살로니가 사람 아리스다고와 세군도와
더베 사람 가이오와 및 디모데와

아시아 사람 두기고와 드로비모라

5 그들은 먼저 가서 드로아에서 우리를 기다리더라

6 우리는 무교절 후에 빌립보에서 배로 떠나
닷새 만에 드로아에 있는 그들에게 가서 이레를 머무니라

유두고를 살리다

7 그 주간의 첫날에 우리가 떡을 떼려 하여 모였더니
바울이 이튿날 떠나고자 하여 그들에게 강론할새
말을 밤중까지 계속하매

8 우리가 모인 윗다락에 등불을 많이 켰는데

9 유두고라 하는 청년이 창(窓)에 걸터 앉아 있다가
깊이 졸더니 바울이 강론하기를 더 오래 하매
졸음을 이기지 못하여 삼 층(層)에서 떨어지거늘

일으켜보니 죽었는지라

10 바울이 내려가서 그 위에 엎드려 그 몸을 안고 말하되
떠들지 말라 생명이 그에게 있다 하고

11 올라가 떡을 떼어 먹고
오랫동안 곧 날이 새기까지 이야기하고 떠나니라

12 사람들이 살아난 청년을 데리고 가서
적지 않게 위로를 받았더라

드로아에서 밀레도까지 항해하다

13 우리는 앞서 배를 타고 앗소에서 바울을 태우려고
그리로 가니 이는 바울이 걸어서 가고자 하여
그렇게 정하여 준 것이라

14 바울이 앗소에서 우리를 만나니

우리가 배에 태우고 미둘레네로 가서

15 거기서 떠나 이튿날 기오 앞에 오고
그 이튿날 사모에 들르고
또 그 다음 날 밀레도에 이르니라

16 바울이 아시아에서 지체하지 않기 위하여
에베소를 지나 배 타고 가기로 작정(作定)하였으니

이는 될 수 있는 대로 오순절 안에
예루살렘에 이르려고 급히 감이러라

에베소 장로들에게 고별 설교를 하다

17 바울이 밀레도에서 사람을 에베소로 보내어
교회 장로들을 청하니

18 오매 그들에게 말하되

아시아에 들어온 첫날부터 지금까지 내가 항상
여러분 가운데서 어떻게 행하였는지를 여러분도 아는 바니

19 곧 모든 겸손과 눈물이며 유대인의 간계로 말미암아
당한 시험을 참고 주를 섬긴 것과

20 유익한 것은 무엇이든지 공중 앞에서나 각 집에서나
거리낌이 없이 여러분에게 전하여 가르치고

21 유대인과 헬라인들에게 하나님께 대한 회개와
우리 주 예수 그리스도께 대한 믿음을 증언한 것이라

22 보라 이제 나는 성령에 매여 예루살렘으로 가는데
거기서 무슨 일을 당할는지 알지 못하노라

23 오직 성령이 각 성에서 내게 증언하여
결박(結縛)과 환난이 나를 기다린다 하시나

24내가 달려갈 길과 주 예수께 받은 사명
곧 하나님의 은혜의 복음을 증언하는 일을 마치려 함에는
나의 생명조차 조금도 귀한 것으로 여기지 아니하노라

25보라 내가 여러분 중에 왕래하며
하나님의 나라를 전파하였으나 이제는 여러분이 다
내 얼굴을 다시 보지 못할 줄 아노라

26그러므로 오늘 여러분에게 증언하거니와
모든 사람의 피에 대하여 내가 깨끗하니

27이는 내가 꺼리지 않고
하나님의 뜻을 다 여러분에게 전하였음이라

28여러분은 자기를 위하여 또는 온 양 떼를 위하여 삼가라
성령이 그들 가운데 여러분을 감독자로 삼고

하나님이 자기 피로 사신 교회를 보살피게 하셨느니라

29 내가 떠난 후에 사나운 이리가 여러분에게 들어와서
그 양 떼를 아끼지 아니하며

30 또한 여러분 중에서도 제자들을 끌어
자기를 따르게 하려고 어그러진 말을 하는 사람들이
일어날 줄을 내가 아노라

31 그러므로 여러분이 일깨어 내가 삼 년이나 밤낮 쉬지 않고
눈물로 각 사람을 훈계하던 것을 기억하라

32 지금 내가 여러분을 주와 및 그 은혜의 말씀에 부탁하노니
그 말씀이 여러분을 능히 든든히 세우사 거룩하게 하심을
입은 모든 자 가운데 기업(企業)이 있게 하시리라

33 내가 아무의 은이나 금이나 의복을 탐하지 아니하였고

34여러분이 아는 바와 같이
이 손으로 나와 내 동행들이 쓰는 것을 충당하여

35범사(凡事)에 여러분에게 모본을 보여준 바와 같이
수고하여 약한 사람들을 돕고 또 주 예수께서

친히 말씀하신 바 주는 것이 받는 것보다
복이 있다 하심을 기억하여야 할지니라

36이 말을 한 후 무릎을 꿇고
그 모든 사람들과 함께 기도하니

37다 크게 울며 바울의 목을 안고 입을 맞추고

38다시 그 얼굴을 보지 못하리라 한 말로 말미암아
더욱 근심하고 배에까지 그를 전송하니라

바울이 예루살렘으로 가다

21

1 우리가 그들을 작별하고 배를 타고
바로 고스로 가서 이튿날 로도에 이르러
거기서부터 바다라로 가서

2 베니게로 건너가는 배를 만나서 타고 가다가

3 구브로를 바라보고 이를 왼편에 두고 수리아로 항해하여
두로에서 상륙하니 거기서 배의 짐을 풀려 함이러라

4 제자들을 찾아 거기서 이레를 머물더니
그 제자들이 성령의 감동으로 바울더러
예루살렘에 들어가지 말라 하더라

5 이 여러 날을 지낸 후 우리가 떠나갈새
그들이 다 그 처자와 함께 성문 밖까지 전송하거늘
우리가 바닷가에서 무릎을 꿇어 기도하고

6 서로 작별한 후 우리는 배에 오르고
그들은 집으로 돌아가니라

7 두로를 떠나 항해를 다 마치고 돌레마이에 이르러
형제들에게 안부를 묻고 그들과 함께 하루를 있다가

8 이튿날 떠나 가이사랴에 이르러 일곱 집사 중 하나인
전도자 빌립의 집에 들어가서 머무르니라

9 그에게 딸 넷이 있으니 처녀로 예언하는 자라

10 여러 날 머물러 있더니
아가보라 하는 한 선지자가 유대로부터 내려와

11 우리에게 와서 바울의 띠를 가져다가
자기 수족을 잡아매고 말하기를 성령이 말씀하시되
예루살렘에서 유대인들이 이같이 이 띠 임자를 결박하여

이방인의 손에 넘겨 주리라 하거늘

12 우리가 그 말을 듣고 그 곳 사람들과 더불어
바울에게 예루살렘으로 올라가지 말라 권하니

13 바울이 대답하되
여러분이 어찌하여 울어 내 마음을 상하게 하느냐

나는 주 예수의 이름을 위하여 결박 당할 뿐 아니라
예루살렘에서 죽을 것도 각오하였노라 하니

14 그가 권함을 받지 아니하므로
우리가 주의 뜻대로 이루어지이다 하고 그쳤노라

15 이 여러 날 후에 여장을 꾸려 예루살렘으로 올라갈새

16 가이사랴의 몇 제자가 함께 가며
한 오랜 제자 구브로 사람 나손을 데리고 가니

이는 우리가 그의 집에 머물려 함이라

바울이 야고보를 방문하다

17 예루살렘에 이르니 형제들이 우리를 기꺼이 영접하거늘

18 그 이튿날 바울이 우리와 함께 야고보에게로 들어가니
장로들도 다 있더라

19 바울이 문안하고 하나님이 자기의 사역으로 말미암아
이방 가운데서 하신 일을 낱낱이 말하니

20 그들이 듣고 하나님께 영광을 돌리고 바울더러 이르되
형제여 그대도 보는 바에 유대인 중에 믿는 자
수만 명이 있으니 다 율법에 열성을 가진 자라

21 네가 이방에 있는 모든 유대인을 가르치되
모세를 배반하고 아들들에게 할례를 행하지 말고

또 관습을 지키지 말라 한다 함을 그들이 들었도다

22 그러면 어찌할꼬 그들이 필연 그대가 온 것을 들으리니

23 우리가 말하는 이대로 하라
서원한 네 사람이 우리에게 있으니

24 그들을 데리고 함께 결례를 행하고
그들을 위하여 비용을 내어 머리를 깎게 하라

그러면 모든 사람이 그대에 대하여 들은 것이
사실이 아니고 그대도 율법을 지켜 행하는 줄로 알 것이라

25 주를 믿는 이방인에게는
우리가 우상의 제물과 피와 목매어 죽인 것과
음행을 피할 것을 결의하고 편지하였느니라 하니

26 바울이 이 사람들을 데리고

이튿날 그들과 함께 결례를 행하고
성전에 들어가서 각 사람을 위하여 제사 드릴 때까지의
결례 기간이 만기된 것을 신고하니라

바울이 잡히다

27 그 이레가 거의 차매 아시아로부터 온 유대인들이
성전에서 바울을 보고 모든 무리를 충동하여 그를 붙들고

28 외치되 이스라엘 사람들아 도우라
이 사람은 각처에서 우리 백성과 율법과 이 곳을 비방하여

모든 사람을 가르치는 그 자인데 또 헬라인을 데리고
성전에 들어가서 이 거룩한 곳을 더럽혔다 하니

29 이는 그들이 전에 에베소 사람 드로비모가
바울과 함께 시내에 있음을 보고

바울이 그를 성전에 데리고 들어간 줄로 생각함이러라

30 온 성이 소동하여 백성이 달려와 모여 바울을 잡아
성전 밖으로 끌고 나가니 문들이 곧 닫히더라

31 그들이 그를 죽이려 할 때에 온 예루살렘이
요란하다는 소문이 군대의 천부장에게 들리매

32 그가 급히 군인들과 백부장들을 거느리고 달려 내려가니
그들이 천부장과 군인들을 보고 바울 치기를 그치는지라

33 이에 천부장이 가까이 가서 바울을 잡아
두 쇠사슬로 결박하라 명하고
그가 누구이며 그가 무슨 일을 하였느냐 물으니

34 무리 가운데서 어떤 이는 이런 말로,
어떤 이는 저런 말로 소리 치거늘

천부장이 소동으로 말미암아 진상을 알 수 없어
그를 영내로 데려가라 명하니라

35바울이 층대에 이를 때에
무리의 폭행(暴行)으로 말미암아 군사들에게 들려가니

36이는 백성의 무리가 그를 없이하자고 외치며 따라 감이러라

바울이 백성에게 말하다

37바울을 데리고 영내로 들어가려 할 그 때에
바울이 천부장에게 이르되 내가 당신에게 말할 수 있느냐
이르되 네가 헬라 말을 아느냐

38그러면 네가 이전에 소요를 일으켜
자객 사천 명을 거느리고 광야로 가던 애굽인이 아니냐

39바울이 이르되 나는 유대인이라

소읍이 아닌 길리기아 다소 시의 시민이니
청컨대 백성에게 말하기를 허락하라 하니

40천부장이 허락하거늘 바울이 층대 위에 서서 백성에게
손짓하여 매우 조용히 한 후에 히브리 말로 말하니라

22 1부형들아 내가 지금 여러분 앞에서
변명하는 말을 들으라

바울이 변명하다

2그들이 그가 히브리 말로 말함을 듣고
더욱 조용한지라 이어 이르되

3나는 유대인으로 길리기아 다소에서 났고
이 성에서 자라 가말리엘의 문하에서
우리 조상들의 율법의 엄한 교훈을 받았고

오늘 너희 모든 사람처럼
하나님께 대하여 열심이 있는 자라

4내가 이 도를 박해하여 사람을 죽이기까지 하고
남녀를 결박하여 옥에 넘겼노니

5이에 대제사장과 모든 장로들이 내 증인이라
또 내가 그들에게서 다메섹 형제들에게 가는

공문을 받아 가지고 거기 있는 자들도 결박하여
예루살렘으로 끌어다가 형벌 받게 하려고 가더니

6가는 중 다메섹에 가까이 갔을 때에 오정쯤 되어
홀연(忽然)히 하늘로부터 큰 빛이 나를 둘러 비치매

7내가 땅에 엎드러져 들으니 소리 있어 이르되
사울아 사울아 네가 왜 나를 박해하느냐 하시거늘

8내가 대답하되 주님 누구시니이까 하니
이르시되 나는 네가 박해하는 나사렛 예수라 하시더라

9나와 함께 있는 사람들이 빛은 보면서도
나에게 말씀하시는 이의 소리는 듣지 못하더라

10내가 이르되 주님 무엇을 하리이까
주께서 이르시되 일어나 다메섹으로 들어가라
네가 해야 할 모든 것을 거기서 누가 이르리라 하시거늘

11나는 그 빛의 광채로 말미암아 볼 수 없게 되었으므로
나와 함께 있는 사람들의 손에 끌려 다메섹에 들어갔노라

12율법에 따라 경건한 사람으로 거기 사는
모든 유대인들에게 칭찬을 듣는 아나니아라 하는 이가

13내게 와 곁에 서서 말하되 형제 사울아 다시 보라 하거늘

즉시 그를 쳐다보았노라

14 그가 또 이르되 우리 조상들의 하나님이 너를 택하여
너로 하여금 자기 뜻을 알게 하시며

그 의인을 보게 하시고
그 입에서 나오는 음성을 듣게 하셨으니

15 네가 그를 위하여 모든 사람 앞에서
네가 보고 들은 것에 증인이 되리라

16 이제는 왜 주저하느냐 일어나 주의 이름을 불러
세례를 받고 너의 죄를 씻으라 하더라

17 후에 내가 예루살렘으로 돌아와서
성전에서 기도할 때에 황홀한 중에

18 보매 주께서 내게 말씀하시되

속히 예루살렘에서 나가라 그들은 네가 내게 대하여
증언하는 말을 듣지 아니하리라 하시거늘

19 내가 말하기를 주님 내가 주를 믿는 사람들을 가두고
또 각 회당에서 때리고

20 또 주의 증인 스데반이 피를 흘릴 때에
내가 곁에 서서 찬성하고
그 죽이는 사람들의 옷을 지킨 줄 그들도 아나이다

21 나더러 또 이르시되 떠나가라
내가 너를 멀리 이방인에게로 보내리라 하셨느니라

22 이 말하는 것까지 그들이 듣다가
소리 질러 이르되 이러한 자는 세상에서 없애 버리자
살려 둘 자가 아니라 하여

23 떠들며 옷을 벗어 던지고 티끌을 공중에 날리니

24 천부장이 바울을 영내로 데려가라 명하고
그들이 무슨 일로 그에 대하여 떠드는지 알고자 하여
채찍질하며 심문하라 한대

25 가죽 줄로 바울을 매니 바울이 곁에 서 있는 백부장더러
이르되 너희가 로마 시민 된 자를 죄도 정하지 아니하고
채찍질할 수 있느냐 하니

26 백부장이 듣고 가서 천부장에게 전하여 이르되
어찌하려 하느냐 이는 로마 시민이라 하니

27 천부장이 와서 바울에게 말하되
네가 로마 시민이냐 내게 말하라 이르되 그러하다

28 천부장이 대답하되

나는 돈을 많이 들여 이 시민권을 얻었노라
바울이 이르되 나는 나면서부터라 하니

29 심문하려던 사람들이 곧 그에게서 물러가고
천부장도 그가 로마 시민인 줄 알고
또 그 결박한 것 때문에 두려워하니라

바울이 공회 앞에서 증언하다

30 이튿날 천부장은 유대인들이 무슨 일로 그를 고발하는지
진상을 알고자 하여 그 결박을 풀고 명하여

제사장들과 온 공회를 모으고 바울을 데리고 내려가서
그들 앞에 세우니라

23 1 바울이 공회를 주목하여 이르되
여러분 형제들아 오늘까지 나는 범사에

양심을 따라 하나님을 섬겼노라 하거늘

2 대제사장 아나니아가 바울 곁에 서 있는 사람들에게
그 입을 치라 명하니

3 바울이 이르되 회(灰)칠한 담이여 하나님이 너를 치시리로다
네가 나를 율법대로 심판한다고 앉아서
율법을 어기고 나를 치라 하느냐 하니

4 곁에 선 사람들이 말하되
하나님의 대제사장을 네가 욕하느냐

5 바울이 이르되 형제들아
나는 그가 대제사장인 줄 알지 못하였노라
기록하였으되
너의 백성의 관리를 비방하지 말라 하였느니라 하더라

6 바울이 그 중 일부는 사두개인이요
다른 일부는 바리새인인 줄 알고 공회에서 외쳐 이르되

여러분 형제들아 나는 바리새인이요 또 바리새인의 아들이라
죽은 자의 소망 곧 부활로 말미암아 내가 심문을 받노라

7 그 말을 한즉 바리새인과 사두개인 사이에 다툼이 생겨
무리가 나누어지니

8 이는 사두개인은 부활도 없고 천사도 없고
영도 없다 하고 바리새인은 다 있다 함이라

9 크게 떠들새 바리새인 편에서 몇 서기관이 일어나
다투어 이르되 우리가 이 사람을 보니 악한 것이 없도다
혹 영이나 혹 천사가 그에게 말하였으면 어찌 하겠느냐 하여

10 큰 분쟁이 생기니 천부장은 바울이 그들에게 찢겨질까 하여

군인을 명하여 내려가 무리 가운데서 빼앗아 가지고
영내로 들어가라 하니라

11 그 날 밤에 주께서 바울 곁에 서서 이르시되
담대하라 네가 예루살렘에서 나의 일을 증언한 것 같이
로마에서도 증언하여야 하리라 하시니라

바울을 죽이려는 간계

12 날이 새매 유대인들이 당을 지어 맹세하되
바울을 죽이기 전에는
먹지도 아니하고 마시지도 아니하겠다 하고

13 이같이 동맹한 자가 사십여 명이더라

14 대제사장들과 장로들에게 가서 말하되
우리가 바울을 죽이기 전에는

아무 것도 먹지 않기로 굳게 맹세하였으니

15이제 너희는 그의 사실을 더 자세히 물어보려는 척하면서
공회와 함께 천부장에게 청하여

바울을 너희에게로 데리고 내려오게 하라
우리는 그가 가까이 오기 전에 죽이기로 준비하였노라 하더니

16바울의 생질이 그들이 매복(埋伏)하여 있다 함을
듣고 와서 영내에 들어가 바울에게 알린지라

17바울이 한 백부장을 청하여 이르되
이 청년을 천부장에게로 인도하라
그에게 무슨 할 말이 있다 하니

18천부장에게로 데리고 가서 이르되
죄수 바울이 나를 불러 이 청년이 당신께

할 말이 있다 하여 데리고 가기를 청하더이다 하매

19천부장이 그의 손을 잡고 물러가서 조용히 묻되
내게 할 말이 무엇이냐

20대답하되 유대인들이 공모(共謀)하기를
그들이 바울에 대하여 더 자세한 것을 묻기 위함이라 하고
내일 그를 데리고 공회로 내려오기를 당신께 청하자 하였으니

21당신은 그들의 청함을 따르지 마옵소서
그들 중에서 바울을 죽이기 전에는

먹지도 않고 마시지도 않기로 맹세한 자 사십여 명이
그를 죽이려고 숨어서 지금 다 준비하고
당신의 허락만 기다리나이다 하니

22이에 천부장이 청년을 보내며 경계하되

이 일을 내게 알렸다고 아무에게도 이르지 말라 하고

23 백부장 둘을 불러 이르되
밤 제 삼 시에 가이사랴까지 갈 보병 이백 명과
기병 칠십 명과 창병 이백 명을 준비하라 하고

24 또 바울을 태워 총독 벨릭스에게로 무사히 보내기 위하여
짐승을 준비하라 명하며

25 또 이 아래와 같이 편지하니 일렀으되

26 글라우디오 루시아는 총독 벨릭스 각하께 문안하나이다

27 이 사람이 유대인들에게 잡혀 죽게 된 것을
내가 로마 사람인 줄 들어 알고
군대를 거느리고 가서 구원하여다가

28 유대인들이 무슨 일로 그를 고발하는지 알고자 하여

그들의 공회로 데리고 내려갔더니

29 고발하는 것이 그들의 율법 문제에 관한 것뿐이요
한 가지도 죽이거나 결박할 사유가 없음을 발견하였나이다

30 그러나 이 사람을 해하려는 간계가 있다고
누가 내게 알려 주기로 곧 당신께로 보내며

또 고발하는 사람들도 당신 앞에서
그에 대하여 말하라 하였나이다 하였더라

바울을 벨릭스 총독 앞에 세우다

31 보병이 명을 받은 대로 밤에 바울을 데리고
안디바드리에 이르러

32 이튿날 기병으로 바울을 호송하게 하고 영내로 돌아가니라

33 그들이 가이사랴에 들어가서 편지를 총독에게 드리고

바울을 그 앞에 세우니

34 총독이 읽고 바울더러 어느 영지 사람이냐 물어
길리기아 사람인 줄 알고

35 이르되 너를 고발하는 사람들이 오거든 네 말을 들으리라
하고 헤롯 궁에 그를 지키라 명하니라

바울을 고발하다

24

1 닷새 후에 대제사장 아나니아가
어떤 장로들과 한 변호사 더둘로와 함께
내려와서 총독 앞에서 바울을 고발하니라

2 바울을 부르매 더둘로가 고발하여 이르되

3 벨릭스 각하여 우리가 당신을 힘입어 태평을 누리고
또 이 민족이 당신의 선견으로 말미암아

여러 가지로 개선된 것을 우리가 어느 모양으로나
어느 곳에서나 크게 감사하나이다

4당신을 더 괴롭게 아니하려 하여 우리가 대강 여짜옵나니
관용(寬容)하여 들으시기를 원하나이다

5우리가 보니 이 사람은 전염병 같은 자라
천하에 흩어진 유대인을 다 소요하게 하는 자요
나사렛 이단의 우두머리라

6그가 또 성전을 더럽게 하려 하므로
우리가 잡았사오니 (6하반-8상반 없음)

8당신이 친히 그를 심문하시면 우리가 고발하는
이 모든 일을 아실 수 있나이다 하니

9유대인들도 이에 참가하여 이 말이 옳다 주장하니라

바울이 변명하다

10 총독이 바울에게 머리로 표시하여 말하라 하니
그가 대답하되 당신이 여러 해 전부터

이 민족의 재판장 된 것을 내가 알고
내 사건에 대하여 기꺼이 변명하나이다

11 당신이 아실 수 있는 바와 같이 내가 예루살렘에
예배하러 올라간 지 열이틀밖에 안 되었고

12 그들은 내가 성전에서 누구와 변론하는 것이나
회당 또는 시중에서 무리를 소동하게 하는 것을
보지 못하였으니

13 이제 나를 고발하는 모든 일에 대하여
그들이 능히 당신 앞에 내세울 것이 없나이다

14 그러나 이것을 당신께 고백하리이다
나는 그들이 이단(異端)이라 하는 도를 따라

조상의 하나님을 섬기고
율법과 선지자들의 글에 기록된 것을 다 믿으며

15 그들이 기다리는 바 하나님께 향한 소망을 나도 가졌으니
곧 의인과 악인의 부활이 있으리라 함이니이다

16 이것으로 말미암아 나도 하나님과 사람에 대하여
항상 양심에 거리낌이 없기를 힘쓰나이다

17 여러 해 만에 내가 내 민족을 구제할 것과
제물을 가지고 와서

18 드리는 중에 내가 결례를 행하였고 모임도 없고
소동도 없이 성전에 있는 것을 그들이 보았나이다

그러나 아시아로부터 온 어떤 유대인들이 있었으니

19 그들이 만일 나를 반대할 사건이 있으면
마땅히 당신 앞에 와서 고발하였을 것이요

20 그렇지 않으면 이 사람들이 내가 공회 앞에 섰을 때에
무슨 옳지 않은 것을 보았는가 말하라 하소서

21 오직 내가 그들 가운데 서서 외치기를
내가 죽은 자의 부활에 대하여

오늘 너희 앞에 심문을 받는다고 한
이 한 소리만 있을 따름이니이다 하니

22 벨릭스가 이 도에 관한 것을 더 자세히 아는 고로
연기하여 이르되 천부장 루시아가 내려오거든
너희 일을 처결하리라 하고

23백부장에게 명하여 바울을 지키되 자유를 주고
그의 친구들이 그를 돌보아 주는 것을 금하지 말라 하니라

바울이 감옥에 갇혀 지내다

24수일 후에 벨릭스가 그 아내 유대 여자 드루실라와
함께 와서 바울을 불러 그리스도 예수 믿는 도를 듣거늘

25바울이 의와 절제와 장차 오는 심판을 강론하니
벨릭스가 두려워하여 대답하되 지금은 가라
내가 틈이 있으면 너를 부르리라 하고

26동시에 또 바울에게서 돈을 받을까 바라는 고로
더 자주 불러 같이 이야기하더라

27이태가 지난 후 보르기오 베스도가
벨릭스의 소임을 이어받으니

벨릭스가 유대인의 마음을 얻고자 하여
바울을 구류하여 두니라

바울이 가이사에게 상소하다

25 [1]베스도가 부임한 지 삼 일 후에
가이사랴에서 예루살렘으로 올라가니

[2]대제사장들과 유대인 중 높은 사람들이 바울을 고소할새

[3]베스도의 호의로 바울을 예루살렘으로 옮기기를 청하니
이는 길에 매복하였다가 그를 죽이고자 함이더라

[4]베스도가 대답하여 바울이 가이사랴에 구류된 것과
자기도 멀지 않아 떠나갈 것을 말하고

[5]또 이르되 너희 중 유력한 자들은 나와 함께 내려가서
그 사람에게 만일 옳지 아니한 일이 있거든 고발하라 하니라

6베스도가 그들 가운데서 팔 일 혹은 십 일을 지낸 후
가이사랴로 내려가서 이튿날 재판 자리에 앉고
바울을 데려오라 명하니

7그가 나오매 예루살렘에서 내려온 유대인들이
둘러서서 여러 가지 중대한 사건으로 고발하되
능히 증거를 대지 못한지라

8바울이 변명하여 이르되
유대인의 율법이나 성전이나 가이사에게나
내가 도무지 죄를 범하지 아니하였노라 하니

9베스도가 유대인의 마음을 얻고자 하여 바울더러 묻되
네가 예루살렘에 올라가서 이 사건에 대하여
내 앞에서 심문을 받으려느냐

10 바울이 이르되 내가 가이사의 재판 자리 앞에 섰으니
마땅히 거기서 심문을 받을 것이라

당신도 잘 아시는 바와 같이
내가 유대인들에게 불의를 행한 일이 없나이다

11 만일 내가 불의(不義)를 행하여 무슨 죽을 죄를 지었으면
죽기를 사양하지 아니할 것이나 만일 이 사람들이
나를 고발하는 것이 다 사실이 아니면

아무도 나를 그들에게 내줄 수 없나이다
내가 가이사께 상소(上訴)하노라 한대

12 베스도가 배석자들과 상의하고 이르되
네가 가이사에게 상소하였으니 가이사에게 갈 것이라 하니라

바울이 아그립바 왕과 버니게 앞에 서다

13 수일 후에 아그립바 왕과 버니게가
베스도에게 문안하러 가이사랴에 와서

14 여러 날을 있더니 베스도가 바울의 일로 왕에게 고하여
이르되 벨릭스가 한 사람을 구류하여 두었는데

15 내가 예루살렘에 있을 때에 유대인의 대제사장들과
장로들이 그를 고소하여 정죄하기를 청하기에

16 내가 대답하되 무릇 피고가 원고들 앞에서
고소 사건에 대하여 변명할 기회가 있기 전에 내주는 것은
로마 사람의 법이 아니라 하였노라

17 그러므로 그들이 나와 함께 여기 오매
내가 지체하지 아니하고 이튿날 재판 자리에 앉아 명하여
그 사람을 데려왔으나

18 원고들이 서서 내가 짐작하던 것 같은
악행의 혐의는 하나도 제시하지 아니하고

19 오직 자기들의 종교와 또는 예수라 하는 이가
죽은 것을 살아 있다고 바울이 주장하는
그 일에 관한 문제로 고발하는 것뿐이라

20 내가 이 일에 대하여 어떻게 심리할는지 몰라서
바울에게 묻되 예루살렘에 올라가서
이 일에 심문(審問)을 받으려느냐 한즉

21 바울은 황제의 판결을 받도록
자기를 지켜 주기를 호소하므로 내가 그를
가이사에게 보내기까지 지켜 두라 명하였노라 하니

22 아그립바가 베스도에게 이르되

나도 이 사람의 말을 듣고자 하노라
베스도가 이르되 내일 들으시리이다 하더라

23이튿날 아그립바와 버니게가 크게 위엄을 갖추고 와서
천부장들과 시중의 높은 사람들과 함께
접견 장소에 들어오고 베스도의 명으로 바울을 데려오니

24베스도가 말하되 아그립바 왕과 여기 같이 있는 여러분이여
당신들이 보는 이 사람은 유대의 모든 무리가 크게 외치되

살려 두지 못할 사람이라고 하여
예루살렘에서와 여기서도 내게 청원하였으나

25내가 살피건대 죽일 죄를 범한 일이 없더이다
그러나 그가 황제에게 상소한 고로 보내기로 결정하였나이다

26그에 대하여 황제께 확실한 사실을 아뢸 것이 없으므로

심문한 후 상소할 자료가 있을까 하여 당신들 앞
특히 아그립바 왕 당신 앞에 그를 내세웠나이다

27 그 죄목(罪目)도 밝히지 아니하고 죄수를 보내는 것이
무리한 일인 줄 아나이다 하였더라

바울이 변명하다

26

1 아그립바가 바울에게 이르되
너를 위하여 말하기를 네게 허락하노라 하니
이에 바울이 손을 들어 변명하되

2 아그립바 왕이여 유대인이 고발하는 모든 일을
오늘 당신 앞에서 변명하게 된 것을 다행히 여기나이다

3 특히 당신이 유대인의 모든 풍속과 문제를 아심이니이다
그러므로 내 말을 너그러이 들으시기를 바라나이다

4 내가 처음부터 내 민족과 더불어 예루살렘에서
젊었을 때 생활한 상황을 유대인이 다 아는 바라

5 일찍부터 나를 알았으니 그들이 증언하려 하면
내가 우리 종교의 가장 엄한 파를 따라
바리새인의 생활을 하였다고 할 것이라

6 이제도 여기 서서 심문 받는 것은
하나님이 우리 조상에게 약속하신 것을 바라는 까닭이니

7 이 약속은 우리 열두 지파가 밤낮으로
간절히 하나님을 받들어 섬김으로 얻기를 바라는 바인데

아그립바 왕이여 이 소망으로 말미암아
내가 유대인들에게 고소를 당하는 것이니이다

8 당신들은 하나님이 죽은 사람을 살리심을

어찌하여 못 믿을 것으로 여기나이까

9 나도 나사렛 예수의 이름을 대적하여
많은 일을 행하여야 될 줄 스스로 생각하고

10 예루살렘에서 이런 일을 행하여
대제사장들에게서 권한을 받아 가지고

많은 성도를 옥에 가두며 또 죽일 때에
내가 찬성 투표를 하였고

11 또 모든 회당에서 여러 번 형벌하여
강제로 모독하는 말을 하게 하고

그들에 대하여 심히 격분하여
외국 성에까지 가서 박해하였고

12 그 일로 대제사장들의 권한과 위임을 받고

다메섹으로 갔나이다

13 왕이여 정오가 되어 길에서 보니 하늘로부터
해보다 더 밝은 빛이 나와 내 동행들을 둘러 비추는지라

14 우리가 다 땅에 엎드러지매 내가 소리를 들으니
히브리 말로 이르되 사울아 사울아

네가 어찌하여 나를 박해하느냐
가시채를 뒷발질하기가 네게 고생이니라

15 내가 대답하되 주님 누구시니이까
주께서 이르시되 나는 네가 박해하는 예수라

16 일어나 너의 발로 서라 내가 네게 나타난 것은
곧 네가 나를 본 일과 장차 내가 네게 나타날 일에
너로 종과 증인을 삼으려 함이니

17 이스라엘과 이방인들에게서
내가 너를 구원하여 그들에게 보내어

18 그 눈을 뜨게 하여 어둠에서 빛으로,
사탄의 권세에서 하나님께로 돌아오게 하고

죄 사함과 나를 믿어 거룩하게 된 무리 가운데서
기업을 얻게 하리라 하더이다

19 아그립바 왕이여 그러므로 하늘에서 보이신 것을
내가 거스르지 아니하고

20 먼저 다메섹과 예루살렘에 있는 사람과 유대 온 땅과
이방인에게까지 회개하고 하나님께로 돌아와서
회개에 합당한 일을 하라 전(傳)하므로

21 유대인들이 성전에서 나를 잡아 죽이고자 하였으나

22하나님의 도우심을 받아 내가 오늘까지 서서
높고 낮은 사람 앞에서 증언하는 것은
선지자들과 모세가 반드시 되리라고 말한 것밖에 없으니

23곧 그리스도가 고난을 받으실 것과
죽은 자 가운데서 먼저 다시 살아나사
이스라엘과 이방인들에게 빛을 전하시리라 함이니이다 하니라

바울이 아그립바 왕에게 전도하다

24바울이 이같이 변명하매
베스도가 크게 소리 내어 이르되 바울아 네가 미쳤도다
네 많은 학문이 너를 미치게 한다 하니

25바울이 이르되 베스도 각하여
내가 미친 것이 아니요 참되고 온전한 말을 하나이다

26 왕께서는 이 일을 아시기로 내가 왕께 담대히 말하노니
이 일에 하나라도 아시지 못함이 없는 줄 믿나이다
이 일은 한쪽 구석에서 행한 것이 아니니이다

27 아그립바 왕이여
선지자를 믿으시나이까 믿으시는 줄 아나이다

28 아그립바가 바울에게 이르되 네가 적은 말로 나를 권하여
그리스도인이 되게 하려 하는도다

29 바울이 이르되 말이 적으나 많으나 당신뿐만 아니라
오늘 내 말을 듣는 모든 사람도

다 이렇게 결박된 것 외에는 나와 같이 되기를
하나님께 원하나이다 하니라

30 왕과 총독과 버니게와 그 함께 앉은 사람들이 다 일어나서

31 물러가 서로 말하되 이 사람은 사형(死刑)이나
결박을 당할 만한 행위가 없다 하더라

32 이에 아그립바가 베스도에게 이르되
이 사람이 만일 가이사에게 상소하지 아니하였더라면
석방될 수 있을 뻔하였다 하니라

바울이 로마로 압송되다

27 1 우리가 배를 타고 이달리야에 가기로 작정되매
바울과 다른 죄수 몇 사람을
아구스도대의 백부장 율리오란 사람에게 맡기니

2 아시아 해변 각처로 가려 하는
아드라뭇데노 배에 우리가 올라 항해할새
마게도냐의 데살로니가 사람 아리스다고도 함께 하니라

3이튿날 시돈에 대니 율리오가 바울을 친절히 대하여
친구들에게 가서 대접 받기를 허락하더니

4또 거기서 우리가 떠나가다가 맞바람을 피하여
구브로 해안을 의지하고 항해(航海)하여

5길리기아와 밤빌리아 바다를 건너 루기아의 무라 시에 이르러

6거기서 백부장이 이달리야로 가려 하는
알렉산드리아 배를 만나 우리를 오르게 하니

7배가 더디 가 여러 날 만에 간신히 니도 맞은편에 이르러
풍세가 더 허락하지 아니하므로 살모네 앞을 지나
그레데 해안을 바람막이로 항해하여

8간신히 그 연안을 지나 미항(美港)이라는 곳에 이르니
라새아 시에서 가깝더라

9여러 날이 걸려 금식하는 절기가 이미 지났으므로
항해하기가 위태한지라 바울이 그들을 권하여

10말하되 여러분이여 내가 보니
이번 항해가 하물과 배만 아니라
우리 생명에도 타격과 많은 손해를 끼치리라 하되

11백부장이 선장과 선주의 말을 바울의 말보다 더 믿더라

12그 항구(港口)가 겨울을 지내기에 불편하므로 거기서 떠나
아무쪼록 뵈닉스에 가서 겨울을 지내자 하는 자가

더 많으니 뵈닉스는 그레데 항구라
한쪽은 서남을, 한쪽은 서북을 향하였더라

13남풍이 순하게 불매 그들이 뜻을 이룬 줄 알고
닻을 감아 그레데 해변을 끼고 항해(航海)하더니

14얼마 안 되어 섬 가운데로부터
유라굴로라는 광풍이 크게 일어나니

15배가 밀려 바람을 맞추어 갈 수 없어
가는 대로 두고 쫓겨가다가

16가우다라는 작은 섬 아래로 지나 간신히 거루를 잡아

17끌어 올리고 줄을 가지고 선체를 둘러 감고
스르디스에 걸릴까 두려워하여 연장을 내리고 그냥 쫓겨가더니

18우리가 풍랑으로 심히 애쓰다가
이튿날 사공들이 짐을 바다에 풀어 버리고

19사흘째 되는 날에 배의 기구를 그들의 손으로 내버리니라

20여러 날 동안 해도 별도 보이지 아니하고
큰 풍랑이 그대로 있으매 구원의 여망(餘望)마저 없어졌더라

21 여러 사람이 오래 먹지 못하였으매
바울이 가운데 서서 말하되 여러분이여

내 말을 듣고 그레데에서 떠나지 아니하여
이 타격과 손상을 면하였더라면 좋을 뻔하였느니라

22 내가 너희를 권하노니 이제는 안심하라
너희 중 아무도 생명에는 아무런 손상이 없겠고
오직 배뿐이리라

23 내가 속한 바 곧 내가 섬기는 하나님의 사자가
어제 밤에 내 곁에 서서 말하되

24 바울아 두려워하지 말라
네가 가이사 앞에 서야 하겠고 또 하나님께서
너와 함께 항해하는 자를 다 네게 주셨다 하였으니

25 그러므로 여러분이여 안심하라
나는 내게 말씀하신 그대로 되리라고 하나님을 믿노라

26 그런즉 우리가 반드시 한 섬에 걸리리라 하더라

풍랑으로 배가 깨어지다

27 열나흘째 되는 날 밤에 우리가
아드리아 바다에서 이리 저리 쫓겨가다가 자정쯤 되어
사공들이 어느 육지에 가까워지는 줄을 짐작하고

28 물을 재어 보니 스무 길이 되고
조금 가다가 다시 재니 열다섯 길이라

29 암초에 걸릴까 하여 고물로 닻 넷을 내리고
날이 새기를 고대하니라

30 사공들이 도망하고자 하여 이물에서 닻을 내리는 체하고

거룻배를 바다에 내려 놓거늘

31바울이 백부장과 군인들에게 이르되
이 사람들이 배에 있지 아니하면
너희가 구원을 얻지 못하리라 하니

32이에 군인들이 거룻줄을 끊어 떼어 버리니라

33날이 새어 가매 바울이 여러 사람에게
음식 먹기를 권하여 이르되 너희가 기다리고 기다리며
먹지 못하고 주린 지가 오늘까지 열나흘인즉

34음식 먹기를 권하노니 이것이 너희의 구원을 위하는 것이요
너희 중 머리카락 하나도 잃을 자가 없으리라 하고

35떡을 가져다가 모든 사람 앞에서
하나님께 축사(祝謝)하고 떼어 먹기를 시작하매

36 그들도 다 안심하고 받아 먹으니

37 배에 있는 우리의 수는 전부 이백칠십육 명이더라

38 배부르게 먹고 밀을 바다에 버려 배를 가볍게 하였더니

39 날이 새매 어느 땅인지 알지 못하나
경사진 해안으로 된 항만이 눈에 띄거늘
배를 거기에 들여다 댈 수 있는가 의논한 후

40 닻을 끊어 바다에 버리는 동시에 키를 풀어 늦추고
돛을 달고 바람에 맞추어 해안을 향하여 들어가다가

41 두 물이 합하여 흐르는 곳을 만나 배를 걸매
이물은 부딪쳐 움직일 수 없이 붙고
고물은 큰 물결에 깨어져 가니

42 군인들은 죄수가 헤엄쳐서 도망할까 하여

그들을 죽이는 것이 좋다 하였으나

43 백부장이 바울을 구원하려 하여 그들의 뜻을 막고
헤엄칠 줄 아는 사람들을 명하여
물에 뛰어내려 먼저 육지에 나가게 하고

44 그 남은 사람들은 널조각 혹은 배 물건에 의지하여
나가게 하니 마침내 사람들이 다 상륙하여 구조되니라

멜리데 섬에 오르다

28

1 우리가 구조된 후에 안즉 그 섬은 멜리데라 하더라

2 비가 오고 날이 차매 원주민들이 우리에게
특별한 동정을 하여 불을 피워 우리를 다 영접하더라

3 바울이 나무 한 묶음을 거두어 불에 넣으니
뜨거움으로 말미암아 독사가 나와 그 손을 물고 있는지라

4 원주민들이 이 짐승이 그 손에 매달려 있음을 보고
서로 말하되 진실로 이 사람은 살인한 자로다

바다에서는 구조를 받았으나
공의(公義)가 그를 살지 못하게 함이로다 하더니

5 바울이 그 짐승을 불에 떨어 버리매 조금도 상함이 없더라

6 그들은 그가 붓든지 혹은
갑자기 쓰러져 죽을 줄로 기다렸다가

오래 기다려도 그에게 아무 이상이 없음을 보고
돌이켜 생각하여 말하되 그를 신이라 하더라

7 이 섬에서 가장 높은 사람 보블리오라 하는 이가
그 근처에 토지가 있는지라
그가 우리를 영접하여 사흘이나 친절히 머물게 하더니

8 보블리오의 부친이 열병과 이질에 걸려 누워 있거늘
바울이 들어가서 기도하고 그에게 안수하여 낫게 하매

9 이러므로 섬 가운데 다른 병든 사람들이 와서 고침을 받고

10 후한 예로 우리를 대접하고
떠날 때에 우리 쓸 것을 배에 실었더라

바울이 로마로 가다

11 석 달 후에 우리가 그 섬에서 겨울을 난
알렉산드리아 배를 타고 떠나니
그 배의 머리 장식은 디오스구로라

12 수라구사에 대고 사흘을 있다가

13 거기서 둘러가서 레기온에 이르러 하루를 지낸 후
남풍이 일어나므로 이튿날 보디올에 이르러

14거기서 형제들을 만나
그들의 청함을 받아 이레를 함께 머무니라
그래서 우리는 이와 같이 로마로 가니라

15그 곳 형제들이 우리 소식을 듣고
압비오 광장과 트레이스 타베르네까지 맞으러 오니

바울이 그들을 보고 하나님께 감사하고
담대한 마음을 얻으니라

바울이 로마에서 전도하다

16우리가 로마에 들어가니 바울에게는
자기를 지키는 한 군인과 함께 따로 있게 허락하더라

17사흘 후에 바울이 유대인 중 높은 사람들을 청하여
그들이 모인 후에 이르되

여러분 형제들아 내가 이스라엘 백성이나
우리 조상의 관습(慣習)을 배척한 일이 없는데
예루살렘에서 로마인의 손에 죄수로 내준 바 되었으니

18 로마인은 나를 심문하여 죽일 죄목이 없으므로
석방하려 하였으나

19 유대인들이 반대하기로
내가 마지 못하여 가이사에게 상소함이요
내 민족을 고발하려는 것이 아니니라

20 이러므로 너희를 보고 함께 이야기하려고 청하였으니
이스라엘의 소망으로 말미암아
내가 이 쇠사슬에 매인 바 되었노라

21 그들이 이르되 우리가 유대에서

네게 대한 편지도 받은 일이 없고
또 형제 중 누가 와서 네게 대하여
좋지 못한 것을 전하든지 이야기한 일도 없느니라

22이에 우리가 너의 사상이 어떠한가 듣고자 하니
이 파에 대하여는 어디서든지 반대를 받는 줄
알기 때문이라 하더라

23그들이 날짜를 정하고 그가 유숙하는 집에 많이 오니
바울이 아침부터 저녁까지 강론(講論)하여

하나님의 나라를 증언하고 모세의 율법과
선지자의 말을 가지고 예수에 대하여 권하더라

24그 말을 믿는 사람도 있고 믿지 아니하는 사람도 있어

25서로 맞지 아니하여 흩어질 때에

바울이 한 말로 이르되 성령이 선지자 이사야를 통하여
너희 조상들에게 말씀하신 것이 옳도다

26 일렀으되 이 백성에게 가서 말하기를
너희가 듣기는 들어도 도무지 깨닫지 못하며
보기는 보아도 도무지 알지 못하는도다

27 이 백성들의 마음이 우둔(愚鈍)하여져서
그 귀로는 둔하게 듣고 그 눈은 감았으니

이는 눈으로 보고 귀로 듣고 마음으로 깨달아
돌아오면 내가 고쳐 줄까 함이라 하였으니

28 그런즉 하나님의 이 구원이 이방인에게로 보내어진 줄 알라
그들은 그것을 들으리라 하더라

29 (없음)

30 바울이 온 이태를 자기 셋집에 머물면서
자기에게 오는 사람을 다 영접하고

31 하나님의 나라를 전파하며 주 예수 그리스도에 관한
모든 것을 담대하게 거침없이 가르치더라

God bless you~

쉼休

쉼休

쉼休

5

개역개정 · 신약성경쓰기

사도행전하

초판 1쇄 발행 | 2016년 1월 22일
개정증보판 1쇄 발행 | 2020년 8월 24일

역은이 | 김영기, 김종서
디자인 | 신경애
펴낸곳 | 도서출판 레마북스
출판등록 | 2015년 4월 28일(제568-2015-000002호)
주소 | 충남 당진시 송산면 유곡로 20
전화 | 010.5456.9277(출판사) 010.5424.7706(엮은이)
전자우편 | starlove73@naver.com
총판 | 하늘유통(031.947.7777)

값 7,000원
ISBN 979-11-87588-15-3 04230
ISBN 979-11-87588-13-9 04230(세트)

○ 이 책에 사용된 글꼴은
세종대왕기념사업회에서 개발한 문화바탕체입니다.

이 도서의 국립중앙도서관 출판예정도서목록(CIP)은 서지정보유통지원시스템 홈페이지(http://seoji.nl.go.kr)와 국가자료공동목록시스템(http://www.nl.go.kr/kolisnet)에서 이용하실 수 있습니다.(CIP제어번호: CIP2020030582)